Hambre y sed de paraíso
José Ramón del Canto

Colección Baños del Carmen

José Ramón del Canto

Hambre
y sed de paraíso

EDICIONES VITRUVIO
Colección Baños del Carmen,
nº 1058

www.edicionesvitruvio.com

Primera edición, 2025

© Ediciones Vitruvio
C/ Menorca, nº 44
28009
Madrid
Tlf: 91 573 21 86

ediciones vitruvio nº 1. 770
ISBN: 979-13-990962-0-0

Hambre y sed de paraíso

CAPTATIO BENEVOLENTIAE

Caminante que, por casualidad o costumbre,
hojeas libros en puestos de mercados
¡ojalá repares en este mío!
 que escribí con ilusión
antes de entregar al azar estas líneas
que han llegado a tus manos.
Feliz me siento algunos momentos
imaginando que algún verso habrá de gustar,
(¡uno solo sería suficiente!)
a una muchacha delicada
a un viejo malhumorado
a una mujer enamorada
o a un joven desenamorado
porque así reviría yo en la noche del tiempo
como un destello, como una luciérnaga,
como un relámpago
en memoria ajena.
Así lo imagino ahora y me complazco.

I

Vosotros conocisteis la generosa luz de la inocencia.
Vicente Aleixandre

Cuando cerró para siempre el huerto
la cancela de espinos
entonces se inventó la queja de la lira
la flauta del suspiro.
Agustín García Calvo

Solo miramos el mundo una vez.
Lo demás es memoria de lo que
sin saber una vez conocimos.
Louise Glück

MIRABILIS FLORA

Cuando veo ramas de árboles, frutos o flores
desmandándose por cercados de jardines y huertos,
cuando veo la flor del jazmín, buganvillas o hiedras
traspasando y trepando barrotes y rejas de encierros,

cuando veo mimosas que abandonan sus blondas melenas
o los tallos rendidos en labios de jarros sedientos…
o si sigo las hojas que huyen de frondas de sauces
en su afán por unirse al cauce sereno de un río,
sé que sólo de este lado de la valla, desde el destierro,
es posible vislumbrar lo que fue en verdad el paraíso.

Moras agrestes, rosas salvajes, sexuales lirios,
arrayanes, madreselvas, hojas de acanto e hibiscos,
amapolas durmientes, geranios de sangre teñidos,
flores que antaño ignorábais vallados y recintos,
confinadas os véis ahora por zarzales y espinos
o en viveros templados, ramblas u otros cobijos.

Cálices bellos que consagráis femeninos estigmas,
estambres viriles en irisadas corolas nupciales,
hojas de higueras, palmatorias de leche y de brevas,
clavelinas y flores de acacias, nubes de malvas de seda,
campanillas de otoño, trompetas de ángel y adelfas …

Sois el deseo de que no se marchiten nunca los frutos,
sois las efímeras gracias que recuerdan aquel paraíso
del que fuimos echados y por siempre excluídos.
Sois la frágil belleza que desvela ricos presentes…
y también las esquilas calladas que presagian vacíos;
Sois girasoles que siguen al rey de los astros del cielo
logrando tan solo alargar las sombras de amores ya idos.
Sois las palmeras sedientas que nunca podrán abrazarse

o ramas que se asoman en cancelas como presos sombríos;
sois la resina y la mirra, lágrimas de amantes que fueron,
y los tristes recuerdos de amores, pasiones y olvidos;
sois la funesta sombra del tejo y el quejumbroso silbido del pino,
sois las retamas perdidas en tundras, estepas y campos baldíos,
sois el lamento del jacinto y el remoto olor de la menta,
sois recuerdos de amores pasados y por siempre perdidos.

II
ET IN ARCADIA EGO

Érase una ciudad hecha de rojos ladrillos,
érase un tiempo de tonos sombríos y níveos:
Érase Nueva Uruk, ciudad de los mil zigurats,
morada y laberinto en los tiempos perdidos.

Desde una azotea contemplábamos con vértigo
racimos de estrellas en un cielo muy limpio.
En las calurosas noches de aquellos veranos
el cielo desvelaba las joyas de un paraíso:
jeroglíficos enigmáticos de luciérnagas
brillaban sobre la ciudad y sus campos baldíos.
En la alborada se borraban en la pizarra
blancas palabras de tiza que nunca se han ido,
y tras ofrendar la inocencia al Tótem sagrado
de Infancia, quisimos descifrar todos los signos.
Cabalgamos por ilusorias praderas de ámbar
hasta ver en la hierba cernirse ocasos cobrizos;
así lo recuerda el otoño de hojas doradas
que lentas y firmes caen de castaños y alisos.
Y cabalgando en sueños, por praderas seguimos
junto a miles de fuentes sin hallar el camino.
Sólo tras espesuras sin vallados ni lindes,
podemos oír el trino del ruiseñor y del mirlo,
sones jamás revelados, lamentos siempre tan vivos
pero ya nunca acariciar por siempre podremos
hojas de seda que huyen con el agua de un río
corriente abajo, con destellos de un sol muy limpio.

III
ES WAR EINMAL

Días no había entonces entre cuerpos amados.
Solo fuera del jardín de delicias supimos
que si hay paraíso, no hay conciencia; y si conciencia,
no hay paraíso. Pero nunca sabremos por qué para siempre
perdimos aquello que fue lo más ansiado y querido.

El deseo puede desvanecerse en amor
y despertar puede cuando el amor ya se ha ido.
Pero una vez y otra nos repiten cuentos y mitos:
deseo y amor son quimeras de aquel paraíso:

Narciso detrás de sus lágrimas desea el agua
que se escurre como azogue entre dedos huidizos.
Y Eco, la ninfa, no puede hablar con palabras,
condenada a repetir lo que siempre se ha dicho.

Los augurios pronunciados por Calipso en su isla
siempre serán incumplidos. Somos como Ulises
desprendiéndonos de aquella diosa en amores
sin nunca saber la razón de aquello que hicimos.

Somos Ariadna frente al oscuro Teseo
afrontando a dos la prueba sin fin de un laberinto
y sin miedo a monstruos navegamos con nuestros amores
sin jamás sospechar que han de romperse los hilos.
Náufragos hemos de vagar entonces por islas,
porque entrar en Amor es recorrer mil laberintos.

Somos como la ilusa Pandora esperando
que un día retorne el bien que se ha ido.
Somos desde entonces los hijos de Tántalo
que acercan sus bocas a frutos prohibidos:

Sin cesar levantamos nuestros labios sedientos
aunque solo inhalamos el licor del olvido.

Alcanzar el amor es lo que siempre añoramos,
sin lograrlo, porque somos la piedra de Sísifo.

Somos Pigmalión contemplando en vano
mármoles de anhelados cuerpos no conocidos.
Somos Ícaro queriendo volar muy alto
y ocultar a nuestros amores mil desvaríos
para que no lloren con lágrimas de ámbar
que acabará puliendo la corriente de un río.

Somos al tiempo el dilema de Orfeo: tornar
o no, los ojos al hondo Hades sombrío,
porque no es fácil aceptar pasado y presente
y tampoco confiar en la luz del camino.

Es la inocencia ángel de amor, no de deseo.
El agua de la noche es sed de madrugada:
Ahora lo sabemos por Alma y Cupido:
amar es vivir aquello que nunca se sabe,
y saber es perder lo que más se ha querido.

V
NUNCA JAMÁS

¡Hasta nunca, Gretel,
hasta nunca, Hansel!
—maldecía rencorosa la bruja—
…os habéis comido a pedazos mi casa,
os lleváis mis bombones de púrpura,
las monedas de oro, mis perlas y alhajas…

¡pero ya nunca se apagará vuestra sed!…

…cuantas migas de pan hayáis de seguir,
las habrán devorado antes las aves…
que tan solo os dictarán el silencio ….

…vueltas y vueltas daréis a contornos de luces,
pero nunca alcanzaréis el centro del bosque…

…vuestro hogar será la lumbre de hogueras
en lindes que no llevan a puerta ninguna …

…¡ya nunca la encontraréis!…

…camináis tan solo detrás de la luz
de una casa que sabéis que no existe.

II

CANCIÓN DEL ÁRBOL DE LA LLUVIA

Tu pelo se derramaba
como un sauce llorando,
y el iris de tus pestañas
cobijaba triste llanto.

Tus labios eran cerezas
y besos multiplicados.
De tus ramas cruzadas
afloraban frutos blancos.

Como árbol en la lluvia,
te erguías esperando.
Árbol de maravillas eras
y su fruto más granado.

Al oír la lluvia ahora,
revivo tus ojos amados,
y en el murmullo del agua,
el silencio de tus labios.

LAS ISLAS DE LOS GALÁPAGOS

Su estupidez o su decisión [de las tortugas] eran
tan grandes que jamás se hacían a un lado ante
un obstáculo.

Herman Melville

En Las Encantadas, suelen fieros balleneros
embarcar en cubierta tortugas gigantescas,
majestuosos seres de la Naturaleza,
por necesidad o por sádico pasatiempo.

Estorban su rumbo entonces con trampas y enredos
para burlarse de su obstinación e inocencia;
de torpes e inútiles engendros las motejan
por seguir con terquedad su propio derrotero.

Al caminar en soledad, desafiando al tiempo,
acarrean en sus lomos toda su tristeza;
su penosa andadura a destierros se asemeja
cuando desencantadas caminan bajo el cielo.

La vida de los poetas se parece a estos portentos:
vagan con calma sobre volcanes de la tierra
en pos de la verdad que se oculta tras la niebla
haciendo de su caparazón su propio cielo.

ANÁFORAS DEL PARAÍSO

...robados a los dioses, [Tántalo] entregó a los
comensales de su tiempo el néctar y la ambrosía
que lo habían convertido en inmortal.

Pindaro. Olímpica I

Cuando fue del paraíso expulsado,
Tántalo ansió el agua y la fruta,
pero solo pudo atisbar las brumas
y las bayas de árboles muy amargos.

Su vida se volvió entonces un páramo
ceñido por la más pura hermosura,
inaccesible al mar y al cielo púrpuras
privados del alcance de sus manos.

Aun sin ser Tántalo uno de los dioses,
pudo saborear el paraíso
labrando así su destino insaciable:

Por sentirse un dios siendo solo un hombre,
por dar divino néctar a los efímeros,
sus placeres se tornaron sed y hambre.

ALETEOS DE LA NADA EN TIERRA DE CAMPOS

Este adobe ya no mama la lluvia
y los ríos se agotan en sus lechos;
el eco de la lluvia es ahora el fuego
que, sin tregua, crepita en la llanura.

Día tras día en el aire se escucha
el arrullo sumiso del silencio,
porque en viejos palomares secos
llora su suerte la meseta muda:

Aladas hijas del cielo y la tierra
zurean en sus oscuras moradas,
en ocultos nichos de paja y barro.

Y en los vastos eriales de la estepa
renacen sólo matas y retamas
y las bellas estrellas de los cardos.

OCCASUS MUNDIEN EN LA PLAZA DE LAS COLUMNAS

Sentado en la vieja terraza de un bar
veo cómo confluye la unánime tarde…
los caminos concordes que la diáspora sigue
hasta el imaginario hogar de la lumbre…

…los silenciosos orientales
recuerdan los arroyos de luz
que nacen en el arco del alba
desde donde el sol arroja los rayos
que llegan como flechas marchitas
a deshora, demasiado tarde,
como las diademas de nácar y perlas
que lucen en sus bazares.

… y de sus ocupaciones,
regresan los eslavos
entre nubes blancas estampadas
en el color azul celeste
de su ropa de trabajo …

… caminan como a la sombra de alamedas
o como quien oye
a la vera de los ríos
las melodías del viento
que silban los abedules y los tilos …

…pasan muchachas
que recuerdan el sol
cuando de soslayo
curiosea por las callejas
recónditas de la Qasba
antes de acostarse;
como princesas pasan,

con sus túnicas purpúreas
pisando flores de jacarandas,
y arrastrando a sus espaldas
la estela de la vida
y la brisa de la tarde
acompañadas a veces
por una corte de niños
que como en bandadas
caminan en sus márgenes…

…nombres de fonética árabe
parecen oírse
desde lejanos alminares…
….el parpadeo de las mujeres
 son un punto y seguido
en los días laborables…

… y de donde al Sol le llaman poniente
vienen a hacer las Europas
los conquistadores
de corazones
mirando el móvil como una brújula
por calles llamadas
Colón, Valparaíso o Entrambosmares…

… y vuelven las mujeres
que atraviesan
el Ecuador
que en dos
sus vidas parte
recordando el cobrizo ocaso
y el olor de los peces
que en sartenes doradas
cocinan allende sus madres
rodeadas de
mangos
colibríes

y humedales…

… son sin duda sones del Caribe
los que el cielo cadencioso
arrebata al aire de la tarde
mientras las madres mulatas
a sus recién nacidos amamantan …

… con el ritmo de sus pestañas
los acunan y los duermen;
(mientras tanto sus maridos,
ante unas cervezas acaban
en silencio doblegándose)…

… la piel cetrina y el cabello
castaño de las muchachas
poco a poco comienzan
a apagarse…
… brilla entonces la piel de ébano
en los muslos interminables de altísimas mujeres,
y en los espaldares de sus gigantes
donde el sol gira
-y gira-
hasta ocultarse…
… sus miradas oscuras anticipan
la negrura inmensa de las dunas de la noche
y a la par, son sus estrellas más brillantes.

AMOR FINAL DE NARCISO A SÍ MISMO

Fue siendo Narciso casi un anciano
cuando empezó a amarse a sí mismo;
Su reflejo no era ya el espejismo
que refleja el espejo del amado.

Admiraba sus labios ¡tan callados!
(¡ni un eco de lo que habían sido!)
y sus ojos, hondas simas del olvido
(el telón del recuerdo eran sus párpados).

'Me quiero ahora a mí mismo' -se decía-
'no a una imagen (que además no es la mía)'.
Y se enamoró de quien lo miraba.

Cuando tornaban penas y añoranzas
con él pactaba olvidos y mentiras
para acabar juntos así sus días.

LAS *KORES* DE MIRADA TRISTE

En el Metro de Atenas algunas muchachas
hieráticas y ensimismadas
evocan a las *kores*
muchachas y diosas
de piel de piedra blanca.

Trenzas flanquean sus sienes
y sus pechos
mientras sus arqueadas cejas
cubren sus ojos de almendras.

Son mujeres marmóreas.
Por eso nunca cambian. Su belleza es eterna.
Solo podemos decirles adiós nosotros,
(nunca dicen 'adiós' ellas).
Impotentes como Eurídice
parecen decirnos: ¡mira y ama cuanto quieras!
Yo no me muevo; eres tú el que se aleja.

Pero las *kores* de carne y hueso
no son como las de piedra:
sus miradas están ausentes,
el misterio habita en sus cuerpos
y en sus caras de tristeza.

Ya no parecen,
como las antiguas,
pensar en la belleza,
y les falta esa sonrisa
arcaica y misteriosa,
con la que se vislumbra
la entrada en la existencia.

Las *kores* de nuestros días
pierden sus miradas en los túneles
como si viajaran por el Hades,
por un rítmico camino infinito.
Están cansadas,
y sin esperanza
de que un soñado Orfeo
las rescate a su llegada.
Nos recuerdan más bien
la blanca nostalgia
de las delicadas estelas de piedra
cuando miran con sus ojos tristes
la infinita calma de las praderas
imantando así las miradas
de quienes las miran a ellas,
o cuando en su regazo custodian
como en un cofrecillo de despedida,
las cortas esperanzas
de sus muy livianos días.

VIDA SIN NOMBRE

Hay recuerdos amorosos
en voces sencillas y cotidianas,
pronunciadas en un pasado,
sin pretensiones,
así,
como si nada…

voces que nos devuelven
a aquello que pasaba
sin que lo llamáramos
ni amor, ni vida,
ni nada.

Podemos oir esas palabras
de hermosa caligrafía
en postales anticuadas:

Me acuerdo de ti como no te lo puedes figurar…

*…No sé si se entiende mi letra
pero es que el tren se mueve mucho…*

*…Los niños da gusto verlos en el agua,
pues si viérais cómo se meten solos…
…aunque hay que estar con mil ojos
porque les gusta meterse
hasta donde les cubre
y no tienen ningún miedo…*

*Estamos en África y vemos muchos moros y moras
que van todas tapadas sin vérseles los ojos,
que si tú estuvieras aquí te reirías mucho
por lo extravagantes que van…*

...Te diré que casi estamos morenos...
...Nos bañamos casi todos los días...

...Si Dios nos lo permite, iremos al baile del casino,
veremos cómo está de animado...

Cuidáos mucho y muchos besos y abrazos
de quien os quiere muchísimo. Amén

III

CON FALDAS blancas
rodeando al almendro
sus hijas danzan.

LECHO de espinos.
Un pinzón se acurruca.
Dulce cobijo.

HONGO terreno
sobre tu lecho combo
agua del cielo

TELA de araña.
Trabajada urdimbre.
¿Cárcel o casa?

HOGAR vacío.
La maleza retorna
a sus dominios.

VUELO de grullas
estampado en el cielo
de los cristales.

TIERRA reseca.
Cicatrices de lluvia.
La vida aflora.

JUNTO a los lagos
los narcisos florecen
en mil destellos.

EN el almendro
como sombra de nieve
un cuervo negro.

HOJA amarilla.
Corazón en la hierba
¿a dónde miras?

EN los sarmientos
la cigüeña aúna
tierra y cielo.

EN el jardín
dos sillones de hierro.
Tronos vacíos.

DEL ÁRBOL llueven
mil hojas amarillas.
Melancolía.

LUNA olvidada
ilumina la ausencia
de las amadas.

LUCES de luna
difuminan las olas.
Brillan espumas.

CORAZÓN de agua
sobre un lecho de limo.
Un amor limpio.

ANTE el umbral
una muchacha ofrenda
sus muslos al Sol.

FOTOS de infancia
proyectan sus miradas
hacia la nada.

DESDE la sierra
baja el tío mielero
¡Qué dulce miedo!

UN SOL herido
tendido en los cristales
busca su abrigo.

LECHO del cielo
la espuma desarropa
tu mar eterno.

ENTRE trigales
y álamos de plata
el tren avanza.

DESTELLOS del Sol
al filo del horizonte.
El oro hierve.

JUEGAN los pétalos
al corro como niñas:
Son camomilas.

SOBRE las rocas
un ave centinela
el mar otea.

COMO un espejo
el camino refleja
agua del cielo.

UNA avecilla
en la rama desnuda
otoño anuncia.

SOBRE las olas,
bajo un cielo de espuma,
Venus desnuda.
Descendida del cielo
el céfiro la aviva.

PROYECTO SOMBRA(S)

EL SOL desciende.
Baja por la ladera.
Pastor de sombras.

COMO las sombras
de las hojas caídas
son nuestras vidas.

AMARILLEAN
las hojas de los árboles.
Luz de otoño.

CUANDO duermo
las sombras juguetean
dentro del sueño.

SOLO su sombra
acompaña en la noche
a la meretriz

EN LA CAVERNA
de Platón, las sombras son
los carceleros.

Pero los hombres pueden
huir de sus encierros.

SUCEDE a veces
que la luz de la sombra
es la que alumbra.

VAYAS o vengas
 tu sombra te acompaña
(y viceversa).

LA LUZ que sueña
a veces nos proyecta
monstruos sombríos.

DOS filigranas
perfilan con su luz
licor de sombra.

PÁJARO y sombra
en pentagrama oblicuo.
Distintas notas.

SON los reflejos
en mitad de la noche
¿luces o sombras?

UN HOMBRE y un buey
acarrean la carga
de sendas sombras.

LUCES y sombras.
Bóveda de mil rayas.
Contraste mágico.

SED de palmera.
Su sombra no alcanza el mar,
solo la arena.

DUNAS de seda
entre el sol y la sombra.
Nubes de arena.

A VECES la luz
es la sombra que brilla
en la oscuridad.

SOLO los ángeles
tienen la sombra blanca
y su custodia.

AL ATARDECER
la belleza da a luz
sombras corpóreas.

RITMOS de remos
a la sombra de liras.
Orfeo canta
entre los Argonautas
melodías marinas.

CALLE nocturna.
Mi sombra me acompaña
y soy su guía.

UN FARDO de luz
acarrea su sombra
en la Medina.

ÁRBOL sin hojas
echando red de ramas
pesca su sombra.

UNA SOMBRA abre
su corazón a la luz
de la mañana.

CLAVE de sombra.
El sol crea las notas
y el tetragrama.

LUZ delicada
corazón en penumbra
la luna alumbra.

NUBES y ramas
intentan parar la luz.
Tarea vana.

LA LUZ declina.
Las farolas se encienden.
Senda amarilla.

COLUMNA de luz
al caer de la tarde
subida al cielo.

LA LUZ puede ser
un humilde consuelo
de la miseria.

SOMBRA y llovizna.
La imagen del pasado
se difumina.

CABLE de sombra
serpentea en la pared
con vida propia.

HASTA entre rejas
el Sol hace que nazcan
flores de sombra.

SOBRE su sombra
el camello transporta
su sed eterna.

FLECHAS del cielo
apuñalan un cerro.
Sombras de sangre.

HASTA las sombras
de una madre protegen
a su retoño.

A VECES la luz
se burla con sus sombras
de sus faroles.

SOMBRAS de cardos
en el agua dormida.
Mansas espinas.

RAMAS y hojas.
Constelación de sombras.
Noche en el día.

HOJAS de sombra
florecen en la acera.
Belleza negra.

REMUEVE el viento
en árboles sus hojas.
Baile de sombras.

CALLES DE ATENAS

LO DIONISIACO
es la sombra escondida
de lo apolíneo.

HOJAS de acacias
entrelazan sus sombras
con las palabras.

CASA de Ítaca.
En la planta segunda
teje Penélope
el tiempo que no avanza
el tiempo que no para.

(Calle Heráclito, Atenas)

LOS CERDOS gustan,
más que del agua pura,
de la basura.

(Fr. 13 D)

CAMINO de Ulises
apostada en la esquina
aguarda Circe

CALLE Penélope
-FLORES, PLANTAS, REGALOS-
de pretendientes.

CUANDO regresó,
dijo a Ulises Penélope:
Prohibido prohibir.

FIGURAS negras
son sombras peregrinas
sobre la arcilla.

ESTELA GRIEGA.
Vida: Destellos de luz
hacia las sombras.

(Para Fernando García Romero)

EL ORO es bello.
Mejor, fuego que brilla.
Lo supremo, agua.
Agua dulce de fuentes
salada agua marina.

Píndaro, Ol. 1.

SOMBRAS de Jano.
Una mira al presente,
otra al pasado.

CALLE DE SAFO
(Recuerdos fragmentarios)

...que a ti te escucha...
a un dios se me parece...
bella sonrisa...
más pálida que la hierba...
siento cerca la muerte...

LOS ASFÓDELOS

han vuelto a los márgenes del camino.
Son el ramo de novia de Perséfone
en su reciente boda con los vivos.
Vuelve la primavera de la muerte.

ÍNDICE

Ediciones Vitruvio

Colección Baños del Carmen

Últimos libros publicados:

Mil años de poesía (1000-2000),
número mil de la colección Baños
del Carmen

Autobús nocturno, de Luis
Machuca Moreno

Donde nadie dirige la mirada, de
Fernando Fiestas

Siempre promete amanecer, de
Ignacio Eufemio Caballero

Recuento de ilusiones, de Norberto
Garcés

Y la que escucha no es ella, de
Silvia López Ripoll

La levedad, de Cristina Liso

La niña que ha sembrado la tierra
del poema, de Josela Maturana

Despacio y tiempo, de Angie
Expósito

El agua en la mano, de Félix Recio

Parábola entre parabólicas, de
Pablo Villa

Centinela del viento, de Daniel
López Acuña

Guiñol, de Pedro López Lara

Historias encontradas, de Domingo
Luis Hernández

El gozo cumplido, de María José
García Mesa

Postales del norte, de Juan Gil
Bengoa

Obra poética incompleta, de Yong-
Tae Min

La ley del soneto, de Modesto
González Lucas

Franqueo en destino, de José Félix
Olalla

Otro tipo de abreviatura, de
Isabela Basombrio Hoban

Cuando llegues, de Carlos Cortés

Palabras, pájaros y cobijo, de
Victoria Muñoz Arenas

Éramos esto, de Pilar Úcar Ventura

Después de la belleza, de Rafael Talavera

Nuevas prosas, de Manuel Lacarta

La última vez que la luna dijo tu nombre, de Laura Vera Becerra

Estrellas que no vi, de Leonardo David Segado

Monodias, de Luis Rodríguez Cao

Una ave contra el viento, de Gerardo Guaza González

Lo que tú decías, de Federico Jiménez Asenjo

Herida propia, de Rosa Estremera

Lo que me entregaste, de Pascual García

La memoria de la piel, de Dolors Fernández Guerrero

Sin música de película, de Esther Ortiz Arrese

Experiencia de ti, de Elena Ventaje

Digo y u tú Babel, de José Ángel García

París Berlín Roma, de Pedro Alcarria

Cortisol, acetilcolina y otras metáforas, de Mª Angel Manovell

Señales de paz y de distancia, de Carmen Álvarez Puerto

Espejo de monos alumbrados, de José Siles

Tal vez mañana, de Felicidad González Cantón

Poesía completa, de Álvaro Pombo